Ecos

FERNANDO MENÉNDEZ

Ecos

DIFÁCIL

EL DON DE ATENDER EL AIRE

La experiencia de acercarse al haiku —leerlos, escribirlos, recopilarlos, idear interpretaciones nebulosas que den profundidad a esa forma de sutilidad poética emparentada con otras que sobreviven en la cultura ibérica— ha sido de siempre para quien esto escribe algo parecido a traficar con humo. Por más que se ha tratado de apresar su dimensión o su alcance en definiciones y explicaciones de envergadura, siempre nos pareció que el genio se escapaba de la lámpara: en el haiku había algo que se esfumaba, que entraba en una asombrosa desubicación con lo demás. Y si no sucedía así, concluíamos a ciencia cierta que el supuesto poema era simplemente un atrezo aparente, un túmulo de versos donde en ningún modo se hallaba el alma, el latido escurridizo y vivo que provocaba un desconcierto estremecido en quien leía.

Poco más puede añadir uno aquí. Los prólogos no convienen a la poesía. Son una póliza desdichada contra la incertidumbre, algo como urbanizar con señales de prudencia y con alarmas un itinerario que siempre conduce al abismo (todo libro de poesía lo es). El pacto ha de ser otro: entrar sin seguro alguno en el espacio desconocido que nos aguarda. De eso se trata: de extraviarse gozosamente en el poema, de salir de allí —si es que se sale— tiroteado por una belleza que no esperábamos que nos atravesase así.

Ahora el lector (-a) está a punto de ingresar en ese mundo de peligrosa sencillez, un mundo donde se filtran de principio a fin dos ejes en fluencia continua que convergen en ósmosis, en un contagio decidido que origina —al menos en mi experiencia de lector fue así— esa zozobra que hace perder pie a quien lee. Esos dos ejes, asistidos por otras variantes —el amor, el lenguaje—, son el mundo natural y el cuerpo. Fernando Menéndez logra poner frente por frente estas dos realidades hasta dejar neutralizadas actividad y quietud («atardecer / salvo nubes / y lluvia / no pasa nada» (…) «sentarse en sombras / entre los eucaliptos / y respirar») como un desafío a la necesidad de la acción, a ese mandamiento racional de argumentarlo todo. Aquí, en cambio, las duraciones se detienen. Existir basta. Ese es el único suceso esencial de todo ser; todo lo demás puede considerarse mero accidente que entorpece la relación de uno mismo con eso que ha dejado de ser lo otro porque nombrarlo ya es hacerlo parte indivisible de esa ósmosis a la que aludíamos y en la que naturaleza, cuerpo y lenguaje se cortan el paso sin alterarse hasta una identificación plena que configura algo parecido a una unidad orgánica.

Intuyendo la pauta de los maestros japoneses, el autor asturiano presenta como límite el cerco de una elementalidad suficiente —de una «verdad suficiente», diríamos con Juan Ramón— que no termina en sí misma, sino que empapa todo cuanto afecta al espíritu del poeta, incluyendo su propia capacidad de decir:

> toda palabra
> que nace en la pobreza
> se vuelve flor

He aquí, en estos tres versos derramados sin ruido sobre el mundo, un verdadero manifiesto que valdría para explicar de una vez la entraña de este hermoso libro cuya levedad engañosa, cuyo despojamiento en todos los sentidos, comenzando por el que exige la propia naturaleza del haiku, acaba por convertirse involuntariamente en un ejemplo en el que la intimidad exhalada se aparta de cualquier contorsionismo del «yo» porque

> también los labios
> se ocultan y en la luz
> del otro tiemblan

Hasta aquí sabemos llegar. Más palabras perturbarían el espíritu de estos haikus que esperan. Confiemos en no haber invitado a quien va a leer a una falsa cita. Mejor dejarlo aquí, al borde del abismo, y evitar ese último empujón que deberá decidir él o ella para sumergirse sin recelo en este museo del mundo donde, terminada la lectura, cada realidad acaba por revelar que su reflejo es el propio rostro, ya no tan indemne, de quien ha leído sin prevención —sí, sin el flotador de un prólogo— y en carne viva algo parecido a los fundamentos de una música del alma, una música que es, a su vez, una ontología mínima regida por la transparencia.

Tomás Sánchez Santiago

A mis nietos que son el futuro

llega la tarde
las sombras de la noche
son golondrinas

cuando te pienso
a la orilla del mar
me vuelvo ocle

tus labios húmedos
besan a las estrellas
todas las noches

suena una música
un mar de caracolas
en mis oídos

no sé por qué
amontono las hojas
de pensamiento

en la pradera
la fueya del carbayu
se vuelve mirlo

quiero morirme
en la naturaleza
de un matorral

nada se oye
en un montón de piedras
hondas raíces

las hojas muertas
amarillas y grises
con sus cenizas

cuando te alejas
me siento dolorido
como la lluvia

con la mar brava
de los labios salían
viejos recuerdos

pasan las tardes
y la luz se vacía
en mis silencios

la vieja encina
hendida por un rayo
de abrir las ramas

bajo el cuerpo
entra la primavera
con sus fragancias

hoy siento en mí
que querer es amargo
como la oliva

todo se acaba
me dices contemplando
pasar las nubes

llega la noche
un reguero de cuélebres
sigue en tus ojos

sin que lo vieras
te dejé el pensamiento
por la hojarasca

todo es silencio
a través de la niebla
suena la lluvia

en un estante
un caldero de flores
con telarañas

anda callado
cae sobre las hojas
lluvia de nieve

entre castaños
perdidos en el bosque
andan los sueños

solos y viejos
ya los libros se aprestan
a ser olvido

cuando los versos
no llegan al destino
se sienten solos

abro el cuaderno
un montón de hojas secas
salen volando

comienza otoño
los últimos vencejos
dicen lo mismo

viaja y sueña
porque eres un fragmento
que sobrevive

también los labios
se ocultan y en la luz
del otro tiemblan

cuando te hablo
la sombra en el espejo
no está ya ausente

los tulipanes
amarillos o blancos
siguen tus sueños

hay media luna
me queda algo de luz
para escribirte

noche de amor
tan vasto y tan vacío
se siente uno

a Basho

sentarse en sombras
entre los eucaliptos
y respirar

siente el silencio
casi tan bello como
la blanca garza

a Zanzotto

sempre un silenzio
mele e ciliegie
salvare i sogni

no queda rastro
ni de ti ni de mí
en este amor

se extingue el día
los sueños y los pétalos
siguen cayendo

a Senryu

, ,, ,,, ,,,, ,,,,,
; ;; ;;; ;;;; ;;;;; ;;;;;; ;;;;;;;
. .. .

en el crepúsculo
hundido entre la grava
está mi haiku

aun amándote
la tristeza del mundo
persiste sola

sobre mi lecho
un manojo de abrazos
siempre distintos

cuando te beso
solo la soledad
es larga vida

es tu mirada
una nube de sueños
y de mosquitos

pienso en un koan
contemplando el silencio
la luz se apaga

el viento sopla
y vienen desde lejos
unos relámpagos

toda palabra
que nace en la pobreza
se vuelve flor

sobre la mesa
una luna redonda
con pan y aceite

ola tras ola
como en medio del sueño
te baña el mar

en el jardín
de flores y de abejas
un solo olivo

y los amantes
gozando de la luna
ya no se hablan

no te lamentes
que son vanas mis lágrimas
todo perece

me gustaría
dormir en tu silencio
y ser un búho

qué larga noche
me viene tu memoria
tras ver la luna

a Teishin

entre los labios
pelusa de la fruta
queda el aliento

cómo atardece
en la naturaleza
de intensas nubes

en esta noche
te escribo las palabras
que ya no vuelven

allí en lo oscuro
ese beso tan raro
se hace de noche

de vez en cuando
entre migas de pan
brota un poema

pasó la noche
sin sueños que soplar
me pongo un té

a Roykan

eres un haiku
que llega en la noche
o solo un sueño

pasan los días
se va la primavera
por su hojarasca

solo trabajo
van pasando los días
para mí solo

torna que torna
sin pensar en la muerte
vuelve el gorrión

al horizonte
escribo una palabra
con más tristeza

aunque te fueras
las nubes son de flores
y el sol de nieve

a Buson

sobre el papel
una mota de polvo
más solitaria

un petirrojo
picotea silencios
en la maleza

el mar en calma
la luna en el crepúsculo
de la memoria

atardecer
salvo nubes y lluvia
no pasa nada

trinan los pájaros
mientras corren las nubes
huyen los sueños

cae la tarde
tras los pasos del gato
dejas tus versos

los grillos chillan
en un claro de luna
para dormirme

leyendo un libro
a la luz de la luna
sombras de hojas

en una casa
abandonada y triste
cerillas húmedas

sol de octubre
en las zarzas del seto
canta un gorrión

bajo mis pies
crujen las hojas muertas
de los castaños

no tengo nada
ni pluma ni cuaderno
solo la luna